BIBLIOTECA GRÁFICA

SERPIENTES

BIBLIOTECA GRÁFICA

SERPIENTES

Norman Barrett

Franklin Watts

Londres   Nueva York   Sydney   Toronto

First Spanish edition published
in the USA in 1990 by
Franklin Watts, Inc.
387 Park Avenue South
New York, NY 10016

Spanish translation copyright © 1990
by Franklin Watts, Inc.
Copyright © 1989
by Franklin Watts Ltd

ISBN: 0-531-07909-0
Library of Congress Catalog Card
Number 90-70891

Designed by
Barrett & Weintroub

Photographs by
Survival Anglia
Zoological Society of London
N.S. Barrett

Illustration by
Rhoda & Robert Burns

Technical Consultant
Michael Chinery

Contenido

Introducción

La mayoría de las personas ven las serpientes como algo temeroso. Pero sólo unas pocas serpientes hacen daño a la gente y otras se cuentan entre los miembros más coloridos del reino animal.

Las serpientes varían en tamaño, desde unas pocas pulgadas de largo hasta 10 metros (más de 30 pies). Se les encuentra, principalmente en tierras tropicales, pero casi todos los países tienen serpientes. Viven en bosques, desiertos, ríos y mares. Algunas viven bajo tierra.

△ **Una imagen terrible, las mandíbulas abiertas de una pitón de roca africana. Las pitones son unas de las serpientes más grandes. Son constrictoras, apretan y sofocan a su presa antes de comerla.**

Las serpientes son reptiles. Hay cerca
de 2,700 tipos de serpientes. Están
amparentadas a las lagartijas,
tortugas, caimanes y cocodrilos.

   Algunas serpientes son venenosas.
Otras, llamadas constrictoras,
apretan y sofocan a su presa.

   La piel de las serpientes es seca,
lisa y cubierta de escamas. Las
serpientes no tienen piernas.
Normalmente se mueven
retorciéndose sobre su estómago.

△ Una víbora, o víbora
del norte. Las víboras se
encuentran por toda
Europa, hasta en las
áreas frías del Círculo
Ártico. Son serpientes
venenosas.

7

Mirando a las serpientes

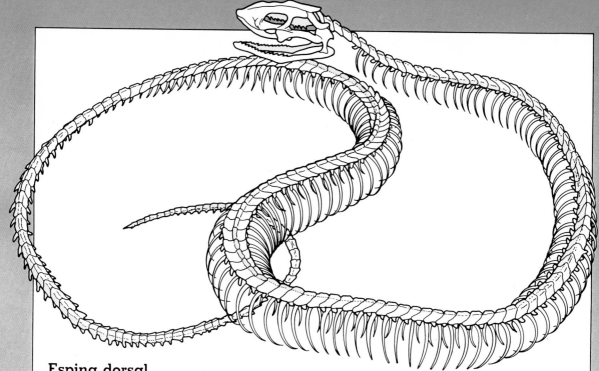

Espina dorsal

Las serpientes tienen un gran número de huesos en su espina dorsal. Algunas clases de pitón tienen hasta 400.

Los poderosos músculos pegados a los huesos permiten a las serpientes enrollarse formando suaves espirales.

Mandíbulas

En la mayoría de las serpientes los huesos de las mandíbulas están

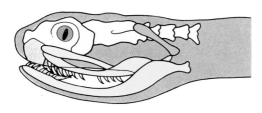

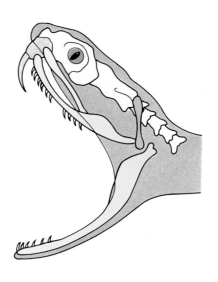

tan sueltos uno del otro y del cráneo que pueden abrir unas bocas enormes. Esto les permite tragar presas más grandes que su propia cabeza.

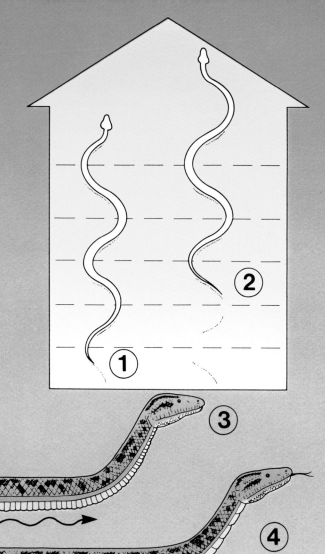

Como se mueve una serpiente

La mayoría de las serpientes se mueven con un movimiento ondulante y retorcido (1 y 2). Se empujan contra piedras, plantas o cualquier aspereza en el suelo, usando los músculos que conectan la piel a las costillas. Esta presión tiene como efecto de empujar el cuerpo hacia adelante. Todo el cuerpo sigue la dirección de la cabeza mientras avanza.

El método que usan las serpientes pesadas como la pitón y las boas es como la de la oruga (3 y 4). Usan las escamas anchas que tienen en su barriga para agarrarse del suelo y empujarse en línea recta.

El tamaño de las serpientes

Una de las serpientes más grandes es la anaconda sudamericana, que puede pesar hasta 150 kg (330 lbs), más que el más pesado de los jugadores de fútbol. Las anacondas pueden medir hasta 9 m (30 pies) de largo, cinco veces la altura de un ser humano alto, y algunas pitones son aún más largas.

La vida de las serpientes

La mayoría de las serpientes ponen huevos aunque algunas, como las víboras y las anacondas, tienen crías vivas. Las crías tienen que valerse por sí mismas desde que nacen.

Las serpientes son animales de sangre fría, esto quiere decir que dependen de la temperatura a su alrededor. En las regiones de clima frío las serpientes invernan durante el invierno.

Las serpientes cambian o mudan su piel varias veces al año.

▽ Una serpiente cascabel mudando su piel. La piel se abre en el labio superior y la cabeza sale primero. La serpiente queda temporalmente ciega al cambiar la membrana del ojo. Observe como saca su lengua. Las serpientes hacen esto para captar olores.

△ Una pitón reticular con sus huevos. Al contrario de los huevos de pájaros, los huevos de serpiente tienen la cáscara blanda, y el embrión que está adentro está desarrollado antes que se pone el huevo. La mayoría de las serpientes ponen entre 5 y 30 huevos. Las pitones grandes producen 50 huevos o más.

◁ Una anaconda con sus crías recién nacidas. Algunas serpientes tienen más de cien crías de una vez.

Encuentre la serpiente

Las serpientes tienen cuerpos delgados y largos y la mayoría se mueve lentamente, por esto se deben ocultar muy bien de sus enemigos y de sus presas. La mayoría se confunde con los alrededores. Esto se llama camuflaje natural.

Las serpientes que están en estas páginas no se descubren a primera vista: una víbora (izquierda), una pitón en una poza de agua con piedras (abajo), una serpiente varilla (derecha), una serpiente Cliffords (página opuesta, abajo a la derecha) y una serpiente de árbol (página opuesta, abajo a la izquierda).

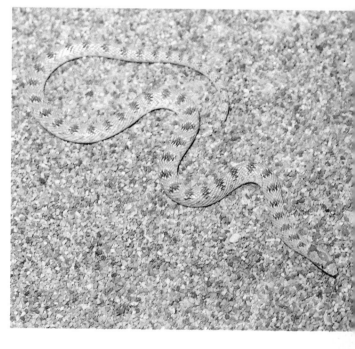

Víboras

Las víboras son serpientes venenosas con largos colmillos al frente de sus bocas. Los colmillos son articulados, asi que se pueden guardar cuando no se usan. Las víboras muerden a sus víctimas con sus colmillos y les injectan el veneno (ponzoña).

Hay dos clases principales de víboras, crótalos y víboras verdaderas. Los crótalos tienen órganos con agujeros entre los ojos y las fosas nasales que les permite encontrar su presa por el calor de su cuerpo.

▽ A la víbora rinoceronte, o de nariz cornuda, se le llama así por el par de escamas que se destacan justo encima de las fosas nasales. Es una víbora verdadera y se le encuentra en los bosques tropicales de África.

△ La víbora pestaña de América Central es una víbora de colores muy brillantes.

◁ Otro crótalo, la diamantada del oeste, es una de las más peligrosas de las serpientes de Norteamérica.

El cascabel de la serpiente cascabel está en la punta de su cola. Unos rápidos movimientos de la cola la hacen vibrar produciendo el familiar cascabeleo.

El propósito del cascabel no se sabe por seguro, pero puede ser para atraer la atención, tanto de los enemigos como de las presas, hacia la cola en vez de la cabeza. Consiste de una serie de anillos que parecen hechos de cuerno o de concha. Cada vez que la serpiente cambia de piel se agrega un nuevo anillo.

△ La serpiente cascabel de campo de los Estados Unidos es una especie de diamantada con marcas irregulares. Los agujeros debajo de los ojos se ven claramente así como los anillos de su cascabel.

▷ La "sidewinder" es una pequeña cascabel americana llamada así porque, al igual que otras serpientes que viven en el desierto, se mueve su cuerpo sobre la arena de un lado para otro.

▷ La cabeza cobriza americana es un crótalo de marcas muy bonitas. La mayoría de las cabeza cobriza son pequeñas, miden alrededor de 80 cm (2.5 pies) de largo. Como también son silenciosas no se les percibe tan fácilmente como a las cascabel, causando así más mordidas. Su mordida es rara vez fatal para los adultos pero es peligrosa para los niños.

La familia de las cobras

Las cobras son serpientes muy venenosas que viven principalmente en África y el sur de Asia. Algunas cobras muerden a sus víctimas con sus colmillos frontales que son fijos. Otros tipos lanzan un chorro através del aire o escupen el veneno a los ojos de su víctima.

Pertenecen a la familia de las elápidas. Otras elápidas incluyen las mambas de África, la serpiente coral de las Américas y las taipanes y serpientes tigre de Australia.

△ Una cobra negra escupidora, de África, en pose defensiva. Cuando están nerviosas o enojadas las cobras aplanan y ensanchan su cuello hasta formar una capucha.

▷ La cobra rey del sudeste de Asia caza otras serpientes. Es la más larga de las serpientes venenosas y puede medir hasta 5 m (16 pies).

▽ Una serpiente coral en Arizona. Las serpientes coral tienen bandas de colores y son las parientes occidentales de la cobra. Van desde el sur de los Estados Unidos hasta la sudamérica tropical. Tienen una mordida peligrosa y también comen otras serpientes.

Constrictoras

Las constrictoras son serpientes que se enrollan alrededor de su víctima y la sofocan antes de tragársela.

Las serpientes grandes, pitones, boas y anacondas, todas son constrictoras y pertenecen a la familia de las boides. La mayoría de las boides viven en tierras cálidas. Los diferentes tipos viven en los árboles, en el suelo o en el agua.

Las serpientes rey también asfixian a sus presas. Son inofensivas para el ser humano pero comen otras serpientes y pequeños animales.

▽ Una pitón africana se traga una ardilla. Las constrictoras no rompen los huesos o cambian la forma de sus víctimas. Se enrollan alrededor de su presa y la apretan hasta que deja de respirar. Luego, se la tragan la cabeza primero. Los animales más grandes pueden tomar varios días en ser digeridos.

△ Una boa constrictora de Costa Rica. Las boas constrictoras viven en las partes tropicales de las Américas. Miden entre 3 y 4 m (10-13 pies) de largo. Generalmente cazan desde los árboles, atacando a los animales que pasan debajo de ellas.

◁ La anaconda se encuentra en Sudamérica tropical. Las anacondas viven en o cerca del agua, por lo que también se las conoce como boas acuáticas.

△ La boa arco iris de Sudamérica normalmente descansa en los árboles durante el día y caza de noche.

◁ La boa esmeralda de árbol vive en los bosques tropicales de Sudamérica.

▷ Una serpiente rey de las montañas de Arizona sube a un árbol en el desierto de Sonora. Aunque se parece en colores a la coral, las serpientes rey no están emparentadas con ellas y no son venenosas.

▽ Una serpiente rey de California traga una lagartija cola de látigo. Las serpientes rey también comen otras serpientes, incluso cascabeles, y son inmunes a (a salvo de) su veneno.

Otros tipos de serpientes

◁ Una "boomslang", una serpiente de colmillos traseros que vive en los árboles de África, se acerca al nido de un pájaro tejedor en busca de una presa. Aunque la mayoría de las serpientes de colmillos traseros son generalmente inofensivas para las personas, porque necesitan masticar a sus victimas para poder injectar su veneno, la "boomslang" es conocida por haber muerto seres humanos.

▽ Una serpiente comehuevos de África tiene una cena adentro y la otra esperando a ser comida. Unas púas adentro de su garganta rompen la cascara que luego se bota.

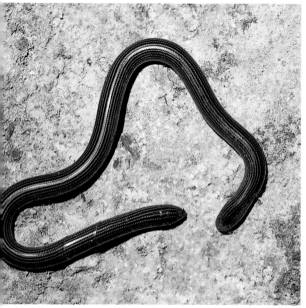

La inofensiva culebra europea (arriba a la izquierda); una pequeña serpiente excavadora de África occidental (centro a la izquierda) que mide alrededor de 10 cm (4 pulgadas); la serpiente narigón del sudeste de Asia (abajo a la izquierda) que tiene el cuerpo plano y a diferencia de otras serpientes, sus pupilas son horizontales; una inofensiva serpiente de árbol mexicana (arriba); una serpiente narigón de Arizona (arriba); y una serpiente de anillos dorados de manglares de Indonesia (abajo).

△ Una serpiente
voladora de Indonesia.
Las serpientes voladoras
a veces se lanzan de
una rama alta y
deslizan hasta el suelo.
Hacen esto apretando el
estómago para producir
una especie de
paracaídas.

◁ Una serpiente nariz
de puerco del este de los
Estados Unidos. Las
serpientes nariz de
puerco aplanan el cuello
cuando son amenazadas
y también se voltean,
pretendiendo estar
muertas.

▷ La serpiente lisa se encuentra en partes de Europa del norte, incluyendo el sur de Inglaterra.

▷ Una serpiente morrón acuática traga un bagro en los pantanosos Everglades de la Florida.

▽ Una serpiente cinta del este, una clase de serpiente rayada. Las serpientes rayadas son pequeñas e inofensivas, viven en América del Norte y Central y muchas veces se les encuentra en parques y patios.

La historia de las serpientes

Los reptiles

Las serpientes pertenecen a la rama de los reptiles en el reino animal. Sus parientes más cercanos son las lagartijas. La mayoría de los científicos creen que las serpientes se desarrollaron a partir de las lagartijas, millones de años atrás. Las serpientes y las lagartijas forman cerca del 95 por ciento de todas las diferentes clases de reptiles que viven hoy. Entre los reptiles que se han extinguido (ya no existen), se cuentan los dinosaurios.

El jardín del Edén

En la historia bíblica de Adán y Eva, el animal en el jardín del Edén que tentó a Eva con el fruto prohibido era una serpiente. La serpiente representaba al diablo. Pero las serpientes no siempre han sido relacionadas con el mal. En muchos sitios las serpientes han sido adoradas como dioses.

Las serpientes en la mitología

Los antiguos egipcios adoraban a las serpientes como símbolos de fertilidad, asociándolas con el Río Nilo. Los antiguos griegos veían a las serpientes como símbolos curativos, por su habilidad de cambiar su piel vieja, reapareciendo más sana y más fuerte.

Pero las serpientes y culebras muchas veces aparecen como los "chicos malos" en la mitología

△ Un grupo de estatuas esculpidas hace más de 2,000 años muestra al sacerdote Laocön y sus hijos siendo atacados por las serpientes marinas.

antigua, las historias tradicionales de dioses y héroes. Dicen que en la antigua Grecia, un monstruo mitológico llamado Pitón atacaba a ganado y a personas. El dios Apolo lo mató a flechazos a la edad de cinco años.

Otra leyenda griega cuenta del sacerdote Laocoön, quien advirtió a los troyanos que no aceptaran el caballo de madera que los griegos habían dejado afuera de las murallas de la ciudad.

△ Encantadores de serpientes de la India.

Pero Laocoön y sus hijos fueron atacados de muerte por serpientes que salieron del mar. Entonces, los troyanos llevaron al caballo de madera adentro y durante la noche soldados griegos salieron del caballo y capturaron la ciudad.

Lo fascinante de las serpientes

Parece que hay algo acerca de las serpientes que fascina a las personas, aunque les tengan miedo. Las serpientes grandes especialmente son una gran atracción en los zoológicos. En África del norte y en India, los encantadores de serpientes han desconcertado y entretenido a sus audiencias por muchos años. Algunas personas tienen serpientes como animales favoritos, pero las serpientes no pueden mostrar afecto.

△ **El administrador de un refugio de vida salvaje en la Florida con una serpiente índigo que está protegida.**

salvaje es la destrucción de su medio natural. También existe el comercio en pieles de serpiente para fabricar artículos como bolsas y zapatos, y en algunos sitios la gente come carne de serpiente. Ciertas especies (clases) de serpientes están protegidas por la ley.

En algunas partes de los Estados Unidos, se organizan rodeos de serpientes cascabel. En estos rodeos, se recolectan cientos de serpientes, a veces sacándolas de sus nidos, maltratándolas y matándolas para la diversión.

△ **Viejos tiempos en el zoológico del Bronx en Nueva York, donde los cuidadores luchan con su nueva atracción, una gran pitón.**

Sobrevivencia

El gran peligro para la sobreviven-cia de las serpientes en su medio

△ **Dos hombres bombean gasolina en un nido de serpientes cascabel durante un rodeo de serpientes cascabel.**

Datos y records

Anormalidades

Como la mayoría de los animales, las serpientes de coloración anormal no son raras. Otras cosas extrañas de la naturaleza ocurren también. A veces hasta se encuentran serpientes de dos cabezas.

△ Una serpiente índigo de la pradera americana con dos cabezas.

Viaje de primavera

Los científicos que estudian los hábitos de las serpientes cascabel praderas en Wyoming han hecho un descubrimiento muy interesante. Las serpientes se juntan en las cuevas para invernar durante el invierno. En primavera después de cruzarse los machos dejan las cuevas, donde hay comida suficiente sólo para las hembras y las crías, y viajan hasta 50 km (30 millas). Más tarde regresan y experimentos con radios

△ La implantación de un pequeño radio transmisor en una serpiente para poder seguir sus movimientos.

implantados han demostrado que siempre regresan al mismo sitio.

Produciendo un antídoto

Las serpientes venenosas pueden ser "ordeñadas" para obtener su veneno. El veneno se recolecta y de él se hace un antídoto, una cura para la mordida de serpiente.

△ Los colmillos de una serpiente son apretados contra el borde de un embudo para ordeñar el veneno.

Glosario

Antídoto
Una medicina que detiene los efectos del veneno.

Boides
Una familia de serpientes grandes que incluye las pitones, boas y anacondas.

Camuflaje
El colorido y forma de un animal que le ayuda a esconderse de sus enemigos y presas, al confundirse con los alrededores.

Colmillos
Los dientes con los cuales las serpientes injectan el veneno en sus víctimas.

Constrictoras
Serpientes que se enrollan alrededor de su presa y la asfixian.

Elápidos
La familia de serpientes venenosas que incluye cobras, mambas, serpientes coral, taipanes, serpientes tigre y algunas serpientes marinas muy venenosas.

Embrión
Un animal joven en sus primeras etapas de desarrollo antes de nacer.

Extinto
Que ya no existe.

Hoyos
Órganos que permiten a ciertas serpientes detectar a su víctima por el calor del cuerpo.

Medio natural
El sitio en que generalmente vive un animal en particular.

Mudar
Cambiar (la piel).

Reptiles
Una rama del reino animal que incluye serpientes, lagartijas, caimanes, cocodrilos y tortugas.

Serpientes Rayadas
Un grupo de serpientes inofensivas, la mayoría de las cuales tienen tres rayas que van a lo largo del cuerpo.

Veneno
El veneno de la serpiente, el cual injecta en sus víctimas al morderlas. A manera de defensa, algunas cobras descargan su veneno escupiéndolo.

Víboras
Familia de serpientes que tiene colmillos largos y articulados al frente de sus bocas. Las víboras incluyen víboras y serpientes cascabel.

Índice